REIKI USUI 3EME DEGRE
SHINPIDEN – ENSEIGNEMENTS DES MYSTERES

Valérie Battaglia

REIKI USUI 3EME DEGRE
SHINPIDEN – ENSEIGNEMENTS DES MYSTERES

CONNAIS-TOI TOI-MEME ET
TU CONNAITRAS L'UNIVERS ET LES DIEUX
Inscription au seuil du Temple de Delphes

©2022, Valérie Battaglia
ISBN : 978-2-3224-5162-3
Édition : BoD – Books on Demand, info@bod.fr
Impression : BoD – Books on Demand, In de Tarpen 42, Norderstedt (Allemagne)
Impression à la demande
Dépôt légal : septembre 2022

« Si le Reiki pouvait s'étendre à travers le monde, il toucherait le cœur humain et les mentalités de la société. Il serait une aide précieuse pour beaucoup d'entre nous, guérissant non seulement les maladies, mais aussi la Terre en tant que tout. »
Maxime gravée sur la tombe du Dr USUI

Juste pour aujourd'hui
Je me libère de toute préoccupation

Juste pour aujourd'hui
Je me libère de toute colère

Juste pour aujourd'hui
Je rends grâce pour mes nombreuses bénédictions
J'honore mes parents, mes professeurs, mes aïeux

Juste pour aujourd'hui
Je vis ma vie avec honnêteté

Juste pour aujourd'hui
Je respecte la vie autour de moi sous toute forme

SOMMAIRE

DKM	15
Antahkarana	18
La grille de cristaux	20
Intervention psycho-énergétique	27
Le Shiatsu fluidique dans la pratique du Reiki	31
Les techniques japonaises de Reiki	43
Ma lignée	47
La prière du guérisseur	48
Annexe : qui suis-je ?	49

« Pour se placer sur l'axe du temps, créer son avenir et bien vivre le présent, tout en honorant ses origines, il faut savoir se libérer du temps, et notamment du passé.
Nous agissons dans le présent en fonction de notre passé, conditionnés par les croyances, les émotions, les expériences qui ont précédés le moment présent.
Notre perception initiale, issue de notre expérience sensorielle, structure les perceptions qui viendront par la suite. Nous ne pouvons voir nos limites, car nous ne disposons pas du regard extérieur qui nous verrait prisonniers. Deepak Chopra raconte à ce sujet une histoire significative. En Inde, lorsque le jeune éléphant atteint six mois, on l'attache par l'une de ses pattes arrière avec une corde de couleur à un arbre. Son poids et sa force encore modestes ne lui permettent pas de rompre la corde, et il apprend en quelques semaines à limiter son espace au rayon d'action qui lui offre cette corde. Puis on le libère et il continue à grandir. Plus tard, lorsqu'il devient adulte, il n'est pas nécessaire de choisir une chaîne à la mesure de la force, ni de l'attacher à un baobab qui puisse lui résister : il suffit de lui remettre la corde de couleur qui l'entravait dans son enfance, pour qu'il reste près de l'arbre qu'il pourrait pourtant facilement arracher (...)
Comme le dit Steve Wolinsky, à force de côtoyer cette identité créée pour répondre à des traumatismes survenus dans le passé, on finit par croire que l'on est cette identité, qu'elle soit celle de la victime, celle du superman ou celle de celui qui connait tout. Notre ego s'identifie toujours à ces identités. » Maud Séjournant – Le cercle de vie

« Rappelons que l'homme est constitué de deux parties : essence et personnalité. L'essence dans l'homme est ce qui est à lui. La personnalité dans l'homme est « ce qui n'est pas à lui ».
« Ce qui n'est pas à lui » signifie : ce qui lui est venu du dehors, ce qu'il a appris, ou ce qu'il reflète ; toutes les traces d'impressions extérieures laissées dans la mémoire et dans les sensations, tous les mots et tous les mouvements qui ont été enseignés, tous les sentiments créés par imitation, tout cela est « ce qui n'est pas à lui », tout cela est la personnalité.
Du point de vue de la psychologie ordinaire, la division de l'homme en personnalité et essence est difficilement compréhensible. Il serait plus exact de dire que la psychologie ignore tout de cette division.
Un petit enfant n'a pas encore de personnalité. Il est ce qu'il est réellement. Il est essence. Ses désirs, ses goûts, ce qu'il aime, ce qu'il n'aime pas, expriment son être tel qu'il est.
Mais aussitôt qu'intervient ce que l'on nomme « éducation », la personnalité commence à croître. La personnalité se forme en partie sous l'action d'influences intentionnelles, c'est-à-dire l'éducation, et, en partie, du fait de l'imitation involontaire des adultes par l'enfant lui-même. Dans la formation de la personnalité, un grand rôle est également joué par la « résistance » de l'enfant à son entourage et par ses efforts pour leur dissimuler ce qui est « à lui », ce qui est « réel ».
L'essence est la vérité dans l'homme ; la personnalité est le mensonge. Mais à mesure que grandit la personnalité, l'essence se manifeste de plus en plus rarement, de plus en plus faiblement ; souvent même l'essence s'arrête dans sa croissance à un âge très tendre et ne peut plus grandir. Il arrive très souvent que le développement de l'essence d'un homme adulte, même d'un homme très intellectuel ou, dans le sens courant du mot, très cultivé, se soit arrêté au niveau de développement d'un enfant de cinq ou six ans. Cela signifie que rien de ce que nous voyons dans cet homme n'est à lui en réalité. Ce qui est à lui, ce qui lui est propre, c'est-à-dire son essence, ne se manifeste habituellement que dans ses instincts et dans ses émotions les plus simples. En certains cas, cependant, l'essence peut croître parallèlement à la personnalité ; de tels cas représentent des exceptions très rares, spécialement dans les conditions de vie des hommes « cultivés ». L'essence a plus de chance

de se développer chez les hommes qui vivent en contact étroit avec la nature, dans des conditions difficiles, où il faut constamment combattre et surmonter des dangers.
Mais en règle générale la personnalité de tels hommes est très peu développée. Ils ont plus de « ce qui est bien à eux », mais de « ce qui n'est pas à eux » ils sont à peu près dépourvus ; en d'autres termes, ils manquent d'éducation et d'instruction, ils manquent de culture. La culture crée la personnalité ; en même temps, elle en est aussi le produit et le résultat. Nous ne nous rendons pas compte de ce que toute notre vie, tout ce que nous appelons « la civilisation, la science, la philosophie, l'art, la politique, sont des créations de la personnalité, c'est-à-dire de tout ce qui dans l'homme « n'est pas à lui ».
L'élément qui, dans l'homme, « n'est pas à lui », diffère beaucoup de ce qui lui appartient « en propre » par ce fait qu'il peut être perdu, altéré ou enlevé par des moyens artificiels ».
(...)
« Mais pour permettre à l'essence de grandir, il est avant tout indispensable d'atténuer la pression constante que la personnalité exerce sur elle, parce que les obstacles à la croissance de l'essence sont contenus dans la personnalité. »
(...)
*« Comment se libérer de la personnalité ? La personnalité trouve sa pâture dans l'imagination et le mensonge. Lorsque le mensonge dans lequel vit l'homme aura diminué, et que l'imagination se sera affaiblie, la personnalité elle-même ne tardera pas à décliner et l'homme pourra passer alors sous le contrôle, soit de son destin, soit d'une ligne de travail dirigée à son tour par la volonté d'un autre homme ; de cette façon, l'homme peut être mené jusqu'à ce point où une volonté aura pu se constituer en lui, une volonté capable de faire face à la fois à l'accident (*l'auteur écrit que tout ce qui nous arrive est un accident, ndlr*) et s'il le faut, au destin. »* Oupensky - Fragments d'un enseignement inconnu

« J'entends souvent les gens en processus de changement profond exprimer leur embarras ou difficulté par rapport à l'entourage qui veut les maintenir dans cette identité antérieure, qui leur servait de référence. Leurs proches ne sont pas capables de les voir tels qu'ils sont devenus, eux-mêmes conditionnés par leur perception antérieure. Ils ne peuvent littéralement pas voir autre chose que ce à quoi ils se sont toujours attendus de la part de cette personne. Si nous ne faisons pas nous-mêmes la mise à jour de notre propre changement, personne ne le fera à notre place. C'est pourquoi beaucoup de ceux qui veulent radicalement changer divorcent, déménagent, changent de milieu, de travail. Un nouveau contexte favorise l'intégration d'un nouveau moi (...) » Maud Séjournant – Le cercle de vie

Chaque jour, nous prenons des décisions. Ces décisions engendrent des effets qui eux-mêmes nous font prendre d'autres décisions et ainsi de suite.
Nous rendons-nous compte que chaque décision nous éloigne de notre chemin de vie ?
De notre chemin. Le meilleur pour nous. Ce pour quoi nous nous sommes incarnés dans cette vie. LE CHOIX PRIMORDIAL. ESSENCE (naissance) PRIMORDIALE.

Le troisième degré nous conduit chaque jour un peu plus sur notre chemin.
Le troisième degré est en accord parfait à « juste pour aujourd'hui, je vis ma vie avec honnêteté ». Honnêteté avec les autres, honnêteté avec soi.
N'acceptez plus rien qui mette votre bonheur en danger.
N'écoutez plus les pensées qui veulent vous faire obéir à leurs désirs d'inquiétude, de revanche ou de peur.

Est-ce bien ceci ou cela que je veux ? Je pense/je ressens/j'agis.
Penser une chose et en ressentir une autre, voilà en quoi consiste la souffrance.
L'accord de soi est la seule solution pour rompre avec la souffrance que nous nous infligeons.
La souffrance est ridicule. Ne lui trouvons plus jamais de justification : nous renforcerons ainsi notre volonté d'être honnête.

« Cela commence par la prise de responsabilité totale de votre vie. Cela veut dire accepter totalement que tout ce qui arrive, nous l'avons créé. Cela veut dire en même temps reprendre son pouvoir. Le reprendre de chaque personne à qui nous l'avons donnée, de chaque idée, de chaque situation. Savoir que nous sommes libres. Nous sommes aussi responsables de chacun de nos actes ou de nos abstentions. Nous ne pouvons donc rien reprocher aux autres. Il faut savoir que si nous avons laissé des personnes nous attacher à des objets, à des lieux, à des idées ou à des idéaux, nous pouvons aussi nous en libérer. »
« Il y a un autre aspect à gérer lorsqu'on n'est plus conditionné par son passé relationnel. Le vrai pouvoir sur soi-même s'exprime souvent par des choix personnels très différents de ceux du passé. Et, encore une fois, ils ne rencontrent pas toujours l'unanimité ni la compréhension de l'entourage : nos valeurs ont changé et ne sont pas nécessairement partagées par eux. C'est alors qu'il faut avoir le courage de marcher sur sa propre route de liberté. Les autres seront peut-être surpris de ne pas vous voir réagir à leurs attaques ou paroles habituelles ou de vous voir réagir différemment. Cela peut les mettre dans un état émotionnel intense (rage, frustration, incompréhension, froideur, humiliation). Le tout est de ne pas succomber au surcroît de réactions. » Maud Séjournant – Le cercle de vie

« Choisissez d'être heureux en choisissant de vivre comme vous l'entendez » - Guy Finley (Lâcher prise)

LES QUATRE PORTEES DU REIKI

Quand on parle des portées du Reiki, on a l'habitude de dire que le premier degré (Shoden - enseignement pour les débutants) s'adresse au physique, le deuxième degré (Okuden – enseignements cachés) au mental/émotionnel, le troisième degré (Shinpiden – enseignement des mystères) au psychique et le quatrième degré (Gokui gaiden – initiation à tous les secrets) au spirituel.

En réalité, les quatre effets se mélangent et s'influencent réciproquement.
Néanmoins cette classification reste correcte.

- Physique : renforce le système immunitaire, débloque les énergies, aide à la détoxination, agit sur la douleur, le stress, freine les effets du vieillissement, rééquilibrage énergétique, stimule l'auto-guérison

- Mental/émotionnel : relaxant et calmant sur le système nerveux, rééquilibre les émotions

- Psychique : relaxant et calmant sur le mental, permet de clarifier les pensées

- Spirituel : le Reiki nous relie à la Source, à l'Amour inconditionnel. Son énergie développe notre conscience

« L'Homme ressemble au Ciel et à la Terre » dit le Huangdi Nei Jing. Les lois qui régissent son fonctionnement sont les mêmes que celles qui gouvernent la Nature, l'Univers. Ainsi, il lui appartient lors de son existence d'obéir au mieux à ces lois, sous peine de dysharmonie, de déséquilibre et de maladie.
La santé est un état d'harmonie dynamique et holistique (globale), fruit de la libre circulation de la Vie sur tous les plans constituant l'humain : **physique (Corps), émotionnel (Cœur), mental et spirituel (Esprit)**.
Nous sommes responsables de la façon dont nous accueillons la Vie. Celui qui est en lutte permanente, par définition, n'est jamais en paix dans son cœur et son esprit. Alors se créent des blocages et c'est le corps qui s'exprime avec des "mal-a-dit". C'est pourquoi le soin du corps est certes indispensable mais pas suffisant : la santé globale, le bien-être, c'est l'harmonie du Corps, du Cœur et de l'Esprit.

DKM

« Grand Etre de l'Univers, brille sur moi, sois mon ami ! »
« Le Foyer aux trésors de la grande Lumière Rayonnante »

DKM est le symbole du Maître. Il vous relie à cette partie de vous-même qui est appelée la conscience supérieure, Moi supérieur… et vous amène à une auto-guérison en profondeur.

Kotodama : oui

Vous utilisez ce Kotodama comme les autres Kotodamas vus au 2ème degré : en méditation, en auto-soin, pendant le soin sur une autre personne…

Fonction : DKM représente la conscience du Bouddha, la Grande Lumière, la Grande Illumination.

Traçage et activation du symbole : idem que pour les autres symboles.

Activation des mains : en plus de CKR, vous ajoutez le DKM :
- Vous tracez le DKM sur la paume de vos mains, un symbole sur chaque paume, vous prononcez 3 fois son mantra et vous tapotez 3 fois dans chaque main
- Puis vous tracez CKR sur la paume de vos mains, un symbole sur chaque paume, vous prononcez 3 fois son mantra et vous tapotez 3 fois dans chaque main

Pour votre aura : vous pouvez le visualiser en grand devant vous, faire un pas en avant et le visualiser entrer dans votre aura et dans votre corps.

Soins en direct et à distance : avant un soin en direct, vous tracez comme d'habitude les symboles et vous ajoutez le DKM avant ou après les autres symboles, au choix.
Vous pouvez visualiser ce symbole sur toute ou partie des positions, selon votre ressenti.
Lors des soins à distance, vous devez commencer à tracer HSZSN + les 3 autres symboles. Le DKM viendra donc en 5ème position. L'effet du DKM en soin à distance est le même que pour un soin en direct.
Quand vous vous servez d'un support papier, vous placez également DKM en 5ème position.

Interprétation « ésotérique » du nom du symbole :

1	Je vais dans l'infinité
2, 3	Je suis conscient du canal divin
4	Sur Terre, dans le Monde
5, 6, 7	L'homme accueillant la lumière à bras ouvert
8, 9	Je vais dans la profondeur pour éprouver les forces mâle et femelle
10, 11, 12, 13	Enveloppe – Abri de l'âme par le souvenir du don et du recevoir
14, 15, 16, 17	Enveloppe – Abri de l'âme par le souvenir de l'impression et de l'expression, lumière qui brille dans la profondeur.

Dans le système de guérison par l'énergie Reiki, on rencontre Dainichi Nyorai dans le symbole DKM. Il est à la fois le roi et la reine de tous les Bouddha.

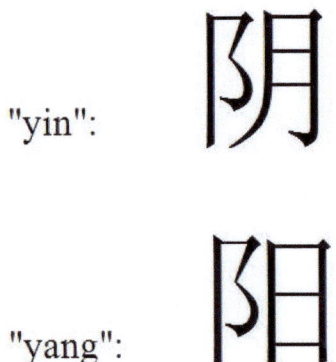

Attributions générales du Yin/Yang

Il est impossible de proposer une liste exhaustive des objets d'application de la théorie du Yin/Yang, cette dialectique étant universelle. Il ne sera fait mention ici que des éléments généraux permettant de mieux comprendre la nature de cette dualité.

	YANG	*YIN*
Localisation	*Haut, extérieur*	*Bas, intérieur*
Cycle circadien	*Jour*	*Nuit*
Saisons	*Printemps, été*	*Automne, hiver*
Climats	*Vent, canicule, chaleur, sécheresse*	*Froid, humidité, pluie*
Température	*Tiède, chaud*	*Froid, frais*
Humidité	*Sec*	*Humide*
Poids	*Léger*	*Lourd*
Luminosité	*Lumineux*	*Sombre, obscur*
Etat mouvement	*Ascendant, mobile, agité.*	*Descendant, inerte, calme*
Activité	*Hyperfonction liée à l'excitation*	*Récession liée à l'inhibition*
Elément de prédilection	*Feu*	*Eau*
Directions	*Est, Sud*	*Ouest, Nord*
Saveurs	*Doux, piquant*	*Acide, Amer, Salé*

Principes élémentaires de la théorie du Yin/Yang

- *Dualité* : toutes les choses et tous les phénomènes ont deux aspects : un aspect Yin et un aspect Yang. Cette dualité est directement liée à l'impermanence du monde manifesté et à l'alternance des contraires ; elle constitue le fondement même du mouvement perpétuel de l'Univers. Aucun phénomène ne persiste éternellement dans sa nature particulière.
- *Divisibilité infinie*
- *Opposition* : étant donné qu'ils représentent deux aspects totalement complémentaires des choses et des phénomènes, le Yin et le Yang s'opposent point par point et se complètent mutuellement.
- *Interdépendance* : cela signifie que la condition préalable à l'existence de l'un est l'existence de l'autre et qu'ils sont mutuellement utiles l'un à l'autre.
- *Réduction et croissance* : l'équilibre dynamique du Yin/Yang découle de l'alternance de phases de croissance et de décroissance pour chacun des deux aspects, sachant que la croissance de l'un se fait simultanément et proportionnellement à la décroissance de l'autre.
- *Transformation* : dans certaines conditions extrêmes, le Yin et le Yang ne se contentent pas de s'opposer et de se compenser. Il peut s'opérer une transformation totale d'un aspect en son contraire. On dit que le Yin excessif se transforme en Yang et que le Yang excessif se transforme en Yin. Ex : le froid, à son extrême, produit de la chaleur ; la chaleur, à son extrême, produit du froid.

Précis de médecine chinoise – Professeur Eric Marié – Editions Dangles

ANTAHKARANA

L'Antahkarana est un ancien symbole qui vient de l'Inde et du Tibet.
Son origine remonte à la nuit des temps. Il est utilisé en méditation et pour la guérison.

L'Antahkarana peut être traduit par « pont ». « Pont » entre le *Moi conscient* et le *Moi supérieur*. Le « pont » entre la personnalité et la conscience.

<u>Moi conscient</u> : *la conscience d'être. C'est, il y a les autres mais dans les autres il y a moi car nous ne faisons qu'un. « Je suis parce que nous sommes ».*

<u>Moi supérieur</u> : *le plus grand des guides – parfait, lumineux, pur, tout puissant, illimité – le lien direct avec le Créateur – la partie divine de soi-même.*
C'est l'identité unitaire, l'humanité spirituelle, c'est vivre dans le monde pour les autres et pour soi – c'est l'égo ouvert, l'égo social, l'égo épanoui dans le contact avec les autres sans oubli de soi-même.

Son énergie est non-manipulable. Vous ne pourrez jamais modifier ou changer son énergie. Vous pourrez vous en servir uniquement selon les indications.
Son énergie agit pour le plus grand bien de la personne concernée (mieux-être, auto-guérison, évolution personnelle et spirituelle).
L'énergie de l'Antahkarana n'a pas besoin d'être canalisée. Son énergie vient du dessin lui-même (ondes de forme).

Féminin   **Masculin**   **Croix cosmique**   **Multiple**

Les couleurs d'origine sont le noir et blanc. Le violet est une couleur qu'on peut utiliser aussi, et cette couleur ne va pas changer la fréquence d'origine.
Vous pouvez changer la couleur par une autre uniquement si vous êtes expert en chromothérapie.
Vous pouvez agrandir ou diminuer le dessin mais ne pas modifier les proportions. Si vous le faites, le symbole cesse de fonctionner.

1. ANTAHKARANAS MASCULIN ET FEMININ

Vous choisissez le symbole avec lequel vous souhaitez travailler en suivant votre intuition, préférence ou ressenti.
- Vous pouvez le placer sur le sol (sous la table de massage) : l'énergie englobera pratiquement tout le corps de la personne
- Vous pouvez coller ou maintenir le symbole sous la table même : l'énergie se concentrera plutôt sur la partie du corps qui se trouve juste au-dessus du symbole
- Vous pouvez le placer sur la personne, toujours le dessin vers le corps : l'énergie se concentrera sur le point
- Vous pouvez aussi le placer sous le lit en cas d'insomnie. Quand le sommeil est rétabli, il faut retirer le symbole pour ne pas avoir l'effet inverse

2. LA CROIX COSMIQUE

- Elle équilibre les chakras supérieurs et inférieurs
- Elle agit sur le 4ème chakra et le stimule (contribue à l'ouverture du cœur)

3. LE SYMBOLE MULTIPLE

- Idéal pour vaincre les blocages énergétiques
- Maux de tête

Comme il est très puissant et agit en permanence, ne le laissez pas au même endroit plus de 5 à 6 minutes et utilisez ensuite un des 2 grands symboles pour apporter et focaliser l'énergie.

4. ANTAHKARANA POUR LA MEDITATION

Vous utilisez un des 2 grands symboles.

- Dans la méditation habituelle, quelle que soit votre technique :
  - Vous choisissez un symbole et vous le placez sous vos pieds ou sous une chaise ou sous le coussin de méditation ou sur la chaise sur laquelle vous êtes assis
- Dans la méditation Yantrique :
  - Positionnez un des deux premiers ANTAHKARANA face à vous, à environ un mètre, à hauteur de votre regard
  - Asseyez-vous en lotus ou demi-lotus ou encore à genoux, les mains posées sur les cuisses
  - Regardez-le et fixez le point central de l'ANTAHKARANA, en essayant de ne pas ciller des yeux (l'Antahkarana peut bouger ou disparaître. Cela signifie que vous êtes entré dans une autre dimension du symbole)
  - La forme de l'ANTAHKARANA opère une forte attraction sur le mental, procure une concentration et une méditation profonde
  - Vous pouvez revenir au moment présent à tout instant, sans aucun problème

LA GRILLE DE CRISTAUX

La grille de cristaux est un outil occidental.
La grille proposée est simple, elle est en cristal de quartz et tient compte de la géométrie sacrée.
Nous ne savons pas quand et par qui elle a été conçue. Elle a été transmise de génération en génération pour être adoptée dans le Reiki.
Confectionner une grille est assez complexe et vous prendra au moins une heure et demie.
Par la suite, et tous les jours, elle vous prendra une dizaine de minutes pour la recharger (quel que soit le nombre de destinataires) et de la discipline.

Matériel nécessaire :
- 9 cristaux en forme de pointe
- Notre propre photo
- Un support rigide
- L'Antahkarana
- Des pastilles adhésives ou du scotch double face ou de la Patafix

Grâce à la grille de cristaux :
- Vous allez pouvoir envoyer du Reiki à distance à un nombre illimité de destinataires et de situations (il n'y aura jamais d'interférence)
- Chaque destinataire recevra l'énergie selon ses besoins et son degré de réceptivité

1. **LES CRISTAUX** (voir le manuel de Reiki Usui 2)

2. **VOTRE PROPRE PHOTO**

- Noir et blanc ou en couleur
- Récente
- La qualité n'a pas d'importance. Cela peut être une photo imprimée sur du papier ordinaire
- De pied ou seulement de tête.
- La taille ne doit pas dépasser 6 x 8 cm

Derrière la photo, vous allez écrire une des phrases suivantes :
- « Je suis parfaitement protégé, à tous les niveaux, pour que mon but spirituel soit accompli »
  OU
- « Je permets à l'amour et à la sagesse de l'énergie Reiki et de mes guides de me protéger, me guérir et m'aider à remplir mon vrai but spirituel »
  OU
- « Je me permets de guérir pour que mon énergie Reiki soit de plus en plus forte »

Ensuite, vous dessinez tous les symboles connus en prononçant dans votre tête ou à haute voix le nom de chaque symbole 3 fois.

3. UN SUPPORT RIGIDE

Le support doit être un carré de +/- 30 x 30 cm dans n'importe quelle matière : bois, liège, carton très rigide, plastique… Vous pouvez également vous servir d'une boîte avec couvercle afin d'éviter l'accumulation de poussière.

4. ANTAHKARANA (option)

Si vous le souhaitez, vous pouvez ajouter ce symbole à votre grille.
L'Antahkarana va vous aider à placer avec plus de facilité les cristaux.
La grille combinée à l'Antahkarana servira de pont pour nos guides spirituels, des fréquences subtiles avec lesquelles d'habitude vous n'êtes pas connecté.

5. DES PASTILLES ADHESIVES OU DU SCOTCH DOUBLE FACE OU DE LA PATAFIX

Cela vous servira à fixer les cristaux.
<u>Avant de commencer, pensez à nettoyer vos cristaux</u> (voir le manuel de Reiki Usui 2).

6. CONFECTIONNER LA GRILLE

Il est important de choisir l'endroit et le moment puisque cela vous prendra environ une heure et demie et que personne ne doit nous déranger.

<u>Procédure</u> :

- Kenyoku
- Prière en position Gasshô-in
- Vous activez vos mains en traçant sur chaque paume DKM et en prononçant dans votre tête ou à voix haute le nom du symbole 3 fois. Idem avec CKR
- Vous tracez en grand sur votre corps CKR puis en petit sur chaque chakra en prononçant dans votre tête ou à voix haute à chaque fois le nom du symbole 3 fois
- Vous tracez dans l'air tous les symboles auxquels vous êtes initié en prononçant dans votre tête ou à voix haute le nom de chaque symbole 3 fois
- Vous choisissez parmi les cristaux celui qui vous semble le plus fort, le plus présent. Vous le mettez de côté. C'est le **Cristal Maître**
- Vous prenez un cristal dans le creux de la main, vous placez l'autre main au-dessus et vos chargez avec du Reiki pendant 5 à 10 minutes.
- Vous visualisez les symboles autant de fois que vous le souhaitez en prononçant dans votre tête ou à voix haute le nom du symbole 3 fois. Vous pouvez chanter les Kotodamas… votre seule et unique intention est : « **je charge ce cristal avec du Reiki pour qu'il fasse partie de ma grille de cristaux** »
- Quand le cristal est chargé vous le placez sur le support rigide sur un des emplacements. Utilisez de la Patafix pour fixer le cristal sur le support.

    ! Si le cristal bouge même d'un millimètre, il faudra tout recommencer.
- Vous prenez un autre cristal et vous refaites la même chose que précédemment…

- ...jusqu'au 7ème que vous chargez comme indiqué plus haut et que vous placez sur votre photo

    ! Si le cristal de votre photo est en pointe, veillez à ce que cette pointe soit alignée avec une pointe d'un autre cristal. Peu importe lequel. A vous de choisir.
- Vous prenez votre Cristal Maître dans votre main, l'autre par-dessus et vous le chargez de la même façon sauf que vous allez vous concentrer sur le Kotodama AI KO YO et/ou le symbole DKM en le visualisant et en prononçant dans votre tête ou à haute voix son nom 3 fois
- Quand il est chargé, vous le prenez avec votre main dominante, vous le tenez du bout des doigts en laissant sa pointe dépasser de 1 à 3 cm selon la taille du cristal
    - En partant du cristal central, vous allez vers le cristal n° 1, vous vous déplacez dans le sens contraire des aiguilles d'une montre vers le cristal n° 2 et vous revenez au cristal central
    - Vous retournez au cristal n° 2, vous vous déplacez dans le sens contraire des aiguilles d'une montre vers le cristal n° 3 et vous revenez au cristal central
    - Vous retournez au cristal n° 3, vous vous déplacez dans le sens contraire des aiguilles d'une montre vers le cristal n° 4 et vous revenez au cristal central
    - ... et ainsi de suite (voir illustration p. 18)
- Pendant que vous faites les mouvements, vous prononcez à haute voix :
    - Je bénis et je charge cette grille avec de la lumière, de la lumière, de la lumière, pour guérir, pour guérir, pour guérir
    - Je charge cette grille avec de l'amour et de la sagesse pour guérir, pour guérir, pour guérir
    - J'appelle mes guides spirituels pour qu'ils *syntonisent* avec cette grille de lumière, pour guérir, pour guérir, pour guérir, avec de l'amour, de l'amour, de l'amour

Syntoniser : Mettre une personne en état de syntonie, en totale harmonie avec ses sentiments.
Syntone : Se dit d'une personne dont les sentiments, les désirs, sont en harmonie entre eux ainsi qu'avec son milieu.

Il est important de faire au moins un tour complet. Inutile de les compter. Vous vous arrêtez simplement après avoir dit les 3 phrases.

- Quand vous avez terminé, vous placez le Cristal Maître quelque part. Il ne servira qu'à cela : recharger la grille tous les jours.

Pour ma part, je le mets dans un angle de la grille de cristaux. Sans contact avec un autre cristal.

VOTRE GRILLE EST DESORMAIS ACTIVE 24 H/24
ELLE VOUS ENVOIE DU REIKI AINSI QU'A TOUTES LES PERSONNES,
AFFIRMATIONS/INTENTIONS, SITUATIONS QUI S'Y TROUVENT

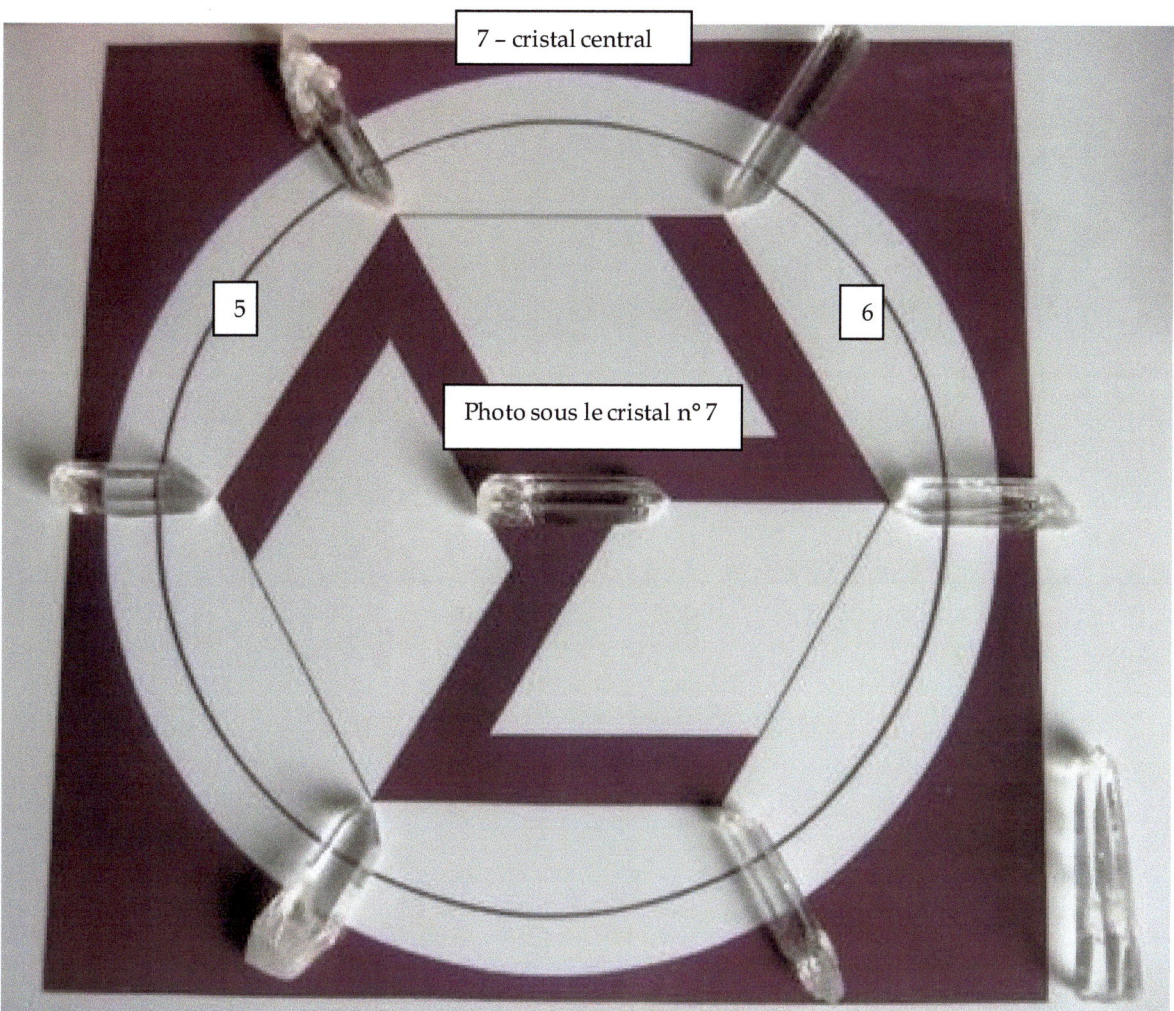

Si on numérote les triangles du tour dans le sens inverse des aiguilles d'une montre, d'un à six, et que l'on attribue le chiffre sept à celui du centre, la séquence est la suivante :
7-1-2-7-2-3-7-3-4-7-4-5-7-5-6-7-6-1-7

A partir du 2ème jour et tous les jours suivants :

- Kenyoku
- Prière en position Gasshô-in
- Vous activez vos mains en traçant sur chaque paume DKM et en prononçant dans votre tête ou à voix haute son mantra 3 fois. Idem avec CKR
- Vous tracez en grand sur votre corps CKR puis en petit sur les 7 chakras en prononçant dans votre tête ou à voix haute à chaque fois son mantra 3 fois
- Vous tracez dans l'air tous les symboles auxquels vous êtes initié en prononçant dans votre tête ou à voix haute le mantra de chaque symbole 3 fois
- Vous prenez votre Cristal Maître dans votre main, l'autre par-dessus et vous le chargez pendant 5 à 10 minutes mais vous allez vous concentrer sur le Kotodama AI KO YO et/ou DKM en le visualisant et en prononçant dans votre tête ou à haute voix son nom 3 fois
- Quand il est chargé, vous le prenez avec votre main dominante, vous le tenez du bout des doigts en laissant sa pointe dépasser de 1 à 3 cm selon la taille du cristal
    - En partant du cristal central, vous allez vers le cristal n° 1, vous vous déplacez dans le sens contraire des aiguilles d'une montre vers le cristal n° 2 et vous revenez au cristal central
    - Vous retournez au cristal n° 2, vous vous déplacez dans le sens contraire des aiguilles d'une montre vers le cristal n° 3 et vous revenez au cristal central
    - Vous retournez au cristal n° 3, vous vous déplacez dans le sens contraire des aiguilles d'une montre vers le cristal n° 4 et vous revenez au cristal central
    - ... et ainsi de suite
- Pendant que vous faites les mouvements, vous prononcez à haute voix :
    - Je bénis et je charge cette grille avec de la lumière, de la lumière, de la lumière, pour guérir, pour guérir, pour guérir
    - Je charge cette grille avec de l'amour et de la sagesse pour guérir, pour guérir, pour guérir
    - J'appelle mes guides spirituelles pour qu'ils syntonisent avec cette grille de lumière, pour guérir, pour guérir, pour guérir, avec de l'amour, de l'amour, de l'amour

Il est important de faire au moins un tour complet. Inutile de les compter. Vous vous arrêtez simplement après avoir dit les 3 phrases.

- Quand vous avez terminé vous placez le Cristal Maître à sa place habituelle

Il est important de charger votre grille tous les jours même si une fois rechargée elle restera chargée pendant 3 jours.

Si vous touchez un autre cristal avec votre Cristal Maître, ce n'est pas grave du moment que le cristal ne bouge pas.

A chaque fois que vous avez un nouvel envoi à faire, vous procédez de la manière suivante :

- Vous préparez le support (prénom du destinataire ou phrase pour les situations)
- Vous dessinez en-dessous tous les symboles auxquels vous êtes initié en prononçant dans votre tête ou à voix haute le nom de chaque symbole 3 fois
- Vous prononcez le prénom du destinataire ou la phrase (pour les situations)
- Vous pliez le papier
- Puis…
    - Kenyoku
    - Prière en position Gasshô-in
    - Vous activez vos mains en traçant sur chaque paume DKM et en prononçant dans votre tête ou à voix haute son mantra 3 fois. Idem avec CKR
    - Vous tracez en grand sur votre corps CKR puis en petit sur les 7 chakras en prononçant dans votre tête ou à voix haute à chaque fois son mantra 3 fois
    - Vous tracez dans l'air tous les symboles auxquels vous êtes initié en prononçant dans votre tête ou à voix haute leur mantra 3 fois
    - Vous dites 3 fois le prénom de la personne ou la phrase que vous avez écrite sur le papier
    - Vous placez vos mains « en position » et vous envoyez avec le papier entre vos mains, pendant 5 à 10 minutes ; à tout moment vous pouvez visualiser les symboles en prononçant dans votre tête ou à voix haute le nom du symbole 3 fois, autant de fois que vous le souhaitez, dans n'importe quel ordre, et vous pouvez aussi utiliser les Kotodamas
    - Au bout des 5 à 10 minutes, vous placez le papier dans votre grille, à l'intérieur du cercle décrit par la pointe des cristaux
    - Vous frottez vos mains 2 fois l'une contre l'autre et vous soufflez sur chacune d'entre elle pour couper la connexion
    - Kenyoku

7. LA DUREE

Minimum de 4 jours ou 7, 9, 21, 54, 72 ou 108 jours. Ou en permanence.
Je pars la plupart du temps sur 21 jours.

A la fin de la série de soin, vous brûlez le papier.

8. CAS PARTICULIER : REIKI DANS LE PASSE

- Vous préparez votre papier comme vu au 2ème degré et vous envoyez pendant une semaine avec le cristal de quartz
- Au bout d'une semaine, vous placez ce papier dans la grille de cristaux
- Vous faites la période suivante comme vu au 2ème degré (papier + cristal de quartz) pendant une semaine
- Au bout d'une semaine, vous placez ce 2ème papier dans la grille de cristaux
- Vous faites la période suivante comme vu au 2ème degré (papier + cristal de quartz) pendant une semaine
- Au bout d'une semaine, vous placez ce 3ème papier dans la grille de cristaux **et vous retirez le premier papier et le brûlez**
- Vous faites la période suivante comme vu au 2ème degré (papier + cristal de quartz) pendant une semaine
- Au bout d'une semaine, vous placez le 4ème papier dans la grille de cristaux **et vous retirez le 2ème papier et le brûlez**
- **Et ainsi de suite…**

9. VOYAGES

- Vous emportez le Cristal Maître et la photo de la grille
- Vous chargez le Cristal Maître comme d'habitude
- Vous tracez le HSZSN en prononçant 3 fois son nom dans votre tête ou à haute voix au-dessus de la photo de la grille
- Vous prononcez 3 fois : « à ma grille, à ma grille, à ma grille »
- Vous rechargez la grille de cristaux comme d'habitude en faisant les mouvements au-dessus de la photo de la grille
- Vous rangez la photo et le Cristal Maître

INTERVENTION PSYCHO-ENERGETIQUE

L'Intervention Psycho-Energétique (IPE) vient des Iles Hawaï. C'est une technique de guérisseur.
Le Kahuna (guérisseur authentique à Hawaï) a eu un apprentissage très long, a passé de nombreux tests et, avant de recevoir le titre de Kahuna, il doit démontrer qu'il le mérite pleinement.
Cet apprentissage est réservé aux autochtones. Il est très rare que des étrangers soient acceptés dans ces cercles.
Néanmoins ce fut le cas de William LEE RAND, Maître Reiki.

Il put bénéficier d'une partie de la formation d'un Kahuna.
Parmi les techniques qu'il a reçues, il y en avait une qui ressemblait à la « chirurgie énergétique » pratiquée par de nombreux guérisseurs autour du monde. Chacun ayant sa méthode.

La technique d'origine a été modifiée (ajout de la PNL, d'hypnose, de sophrologie, visualisation...) dans une certaine mesure en incluant des éléments venant du Reiki, notamment les symboles. Ainsi l'IPE est devenue parfaitement accessible et abordable à toute personne ayant un certain niveau de conscience.

Cette méthode vous permet d'intervenir sur des problèmes physique ou non physique. Grâce au fait que vous travaillez avec le Reiki et à la façon dont elle a été conçue, l'IPE ne comporte aucun risque. Le pire qu'il puisse arriver ? Rien.

Les résultats sont plus qu'intéressants. Vous ne promettez pas la guérison puisqu'elle ne vous appartient pas néanmoins le taux de réussite est si important que cela vaut la joie de l'apprendre (au départ, je me suis entraînée avec une peluche) et de la proposer.
Vous pouvez aussi l'appliquer sur vous-même.

Procédure :

Vous allez d'abord parler avec la personne et l'inviter à jouer à un « jeu d'imagination ». Elle s'allonge sur la table de massage.
Vous allez lui poser quelques questions et lui demander de vous répondre le plus spontanément possible. Si certaines de ces questions lui semblent difficiles, dites-lui qu'elle fasse de son mieux.

Tout d'abord, vous l'invitez à fermer les yeux.
Puis, vous lui demandez de décrire le problème qu'elle veut régler lors de cette séance. Vous devez lui poser cette question même si elle vous a déjà parlé de ses difficultés. Cela lui permettra de se concentrer sur un seul problème. Ou de vouloir résoudre un tout autre problème !

Attention à la formulation des questions ! Restez neutre !

- **Si la cause du problème se trouvait dans votre corps, à quel endroit serait-elle ?**
  La cause du problème peut se trouvait là où la personne a mal ou dans un autre endroit.
- **Si la cause du problème avait une forme, quelle serait cette forme ?**
- **Si cette forme avait une couleur, quelle serait cette couleur ?**
- **Si cette forme avait un poids, quel serait ce poids ?**
- **Si cette forme avait une texture, quelle serait cette texture ?**
  La personne peut dire par exemple : lisse, rugueuse, pointue, dure, froide...
- **Si cette forme pouvait produire un son, quel serait ce son ?**
  Il s'agit d'un son quelconque : eau qui coule, tambour, cri, gémissement...

Surtout ne faites aucune interprétation !
Grâce à ces questions, la personne est focalisée sur son problème et l'a rendu concret.

Puis, vous lui posez la question : « **Etes-vous d'accord de lâcher, de guérir et d'intégrer les éventuelles prises de conscience ?** » La réponse doit être un OUI clair, présent et non sous-entendu.
Il m'est arrivé de reposer la question si la réponse n'était pas très précise.

Votre préparation personnelle :

- Kenyoku
- Prière en position Gasshô-in
- Vous tracez DKM sur la paume de chaque main, vous prononcez 3 fois son mantra en tapotant 3 fois
- Vous tracez CKR sur la paume de chaque main, vous prononcez 3 fois son mantra en tapotant 3 fois
- Vous tracez CKR en grand sur tout votre corps, et en petit sur les chakras du cœur, de la gorge et de la couronne. Vous pouvez le faire avec les 7 chakras et vous prononcez son mantra à chaque fois
- Vous étirez vos doigts énergétiques : vous prenez avec une main les 5 doigts de l'autre main et vous étirez les doigts énergétiques en partant des doigts physiques. Vous étirez les 5 doigts en même temps sur une longueur moyenne de 20 cm. Vous réalisez ce mouvement 3 fois tout en inspirant bruyamment par la bouche
- Vous tracez CKR sur le bout de vos doigts énergétiques, pour augmenter le taux vibratoire, vous prononcez son mantra 3 fois à chaque fois
- Vous dites une prière/affirmation. Par exemple : « Je remercie le Reiki, les guide Reiki… pour leur présence et leur aide dans cette Intervention psycho-énergétique pour X »
- Vous tracez CKR à l'endroit indiqué par la personne et vous prononcez dans votre tête son mantra 3 fois
- Vous commencez l'extraction de la **forme décrite**, accompagnée de la respiration spécifique pendant un certain temps
  - Les gestes pour l'extraction : imaginez que vous prenez la forme avec vos doigts énergétiques, sans toucher le corps de la personne, vous retirez vos mains et vous jetez la forme vers l'Univers, vers « l'usine de recyclage cosmique »
  - La respiration spécifique : chaque geste d'extraction sera accompagné d'une inspiration bruyante par la bouche et avec chaque geste de lancement vers l'Univers, vous expirez bruyamment, toujours par la bouche.

! ATTENTION : vous respirez dans les doigts, non pas dans les poumons. Votre intention est que l'énergie de la forme s'arrête au niveau de vos doigts et n'aille pas plus loin. Si jamais vous inspirez l'énergie avec vos poumons, vous allez ressentir des nausées. Dans ces cas-là, arrêtez-vous et dites « pardon » dans votre tête et donnez-vous 2 à 3 minutes de Reiki sur les 3ème et 4ème chakras. La sensation disparaît et vous pouvez recommencer votre IPE.

- Après un certain nombre d'extractions, vous vous arrêtez et vous demandez à la personne **si elle voit un changement quelconque dans la forme qu'elle vient de décrire**. En fonction de sa réponse, vous continuez le processus ou vous vous arrêtez.
La personne répondra ce qu'elle voit qu'il y a une modification de la forme ou pas.
!ATTENTION, il s'agit de la visualisation pas du ressenti.
- Continuez l'extraction comme décrit précédemment jusqu'à ce qu'il n'y ait plus de forme décrite

- Vous pouvez alors demander à la personne : « Comment vous sentez-vous en regard la zone qui vient d'être nettoyée ? »

Si au bout de 15 – 20 minutes (temps moyen pour une IPE) il n'y a aucune modification, tracez SHK sur la zone, placez vos mains dessus et adressez-vous directement à la zone : que devez-vous comprendre ou apprendre de cette situation, pour la personne et pour vous-même ? Vous demandez à la personne de dire à haute voix les pensées qui lui viennent par rapport à son problème. Si ses pensées n'ont pas de liens directs avec le problème demandez-lui de dire à haute voix tout ce qui lui passe par la tête. En fonction de votre ressenti, vous décidez de continuer ou d'arrêter afin de reprendre un autre jour.

De même si au bout de 30 minutes, il y a des modifications mais que vous constatez que vous êtes loin d'avoir terminé, vous reportez l'IPE.

Pour terminer l'IPE :

- Vous tracez CKR sur la zone concernée et vous prononcez dans votre tête son mantra 3 fois
- Vous coupez la connexion énergétique entre la personne et vous-même en faisant un mouvement de karaté à la verticale avec vos deux mains
- Vous remettez vos doigts énergétiques à leur place : vous les poussez avec votre autre main à plat, comme si vous poussiez une antenne. Vous faites ce mouvement 3 fois en l'accompagnant d'une expiration forte
- Vous continuez par un soin complet ou vous donnez un soin de 20 minutes minimum directement sur la zone concernée

Si la personne est initiée, elle peut participer au soin qui sera ainsi plus court.

Quand la personne est partie, vous faites Kenyoku et vous dites une prière/affirmation de gratitude.

Après une IPE, il est nécessaire d'attendre 3 semaines avant de la refaire pour le même problème. Vous pouvez proposer une IPE à la même personne mais pour des problèmes différents.

Pendant l'IPE, l'endroit de la cause du problème peut se déplacer une ou plusieurs fois. Vous continuez à travailler sur l'endroit indiqué en tout premier.

IPE pour soi-même :

Le protocole reste le même du début à la fin. Quelques précisions :
- Si les réponses aux questions viennent au moment où vous vous proposez une IPE, tenez compte de ces réponses-là
- Allongez vos doigts en fonction de l'endroit où vous devez intervenir. Si c'est dans le dos, rallongez vos doigts. Ils deviendront articulés !
- Inutile de vous poser la question d'une modification quelconque dans la forme. La réponse évoluera de façon spontanée au fil de l'IPE

LE SHIATSU FLUIDIQUE DANS LA PRATIQUE DU REIKI

J'ai fait le choix de former au Shiatsu fluidique en y intégrant l'intention Reiki.
Le Shiatsu fluidique est le fait de poser ses mains sur des zones du corps.
Je prends comme base, la pratique du Shiatsu « bien-être ». Il s'agit de suivre le tracé des méridiens du corps.
La préparation du praticien se fait à l'identique comme vu au Reiki 1 et 2 + l'ajout du Reiki 3.

1. L'arrière du corps

La personne est allongée sur le ventre (si possible la tête dans le repose-cervicales, afin de ne pas les léser) et les bras le long du corps.
- Poser les 2 mains l'une à côté de l'autre au niveau des cervicales et progresser jusqu'au coccyx soit 3 à 4 positions selon la taille de la personne : méridiens Vessie, Vésicule Biliaire, Du Maï
- Option : bâton de feu (Reiki 1)
- Jambe 1 : haut de la cuisse – plante des pieds (méridiens Vessie, Rein, Foie, Rate)
- Idem jambe 2
- Creux poplité (les deux en même temps)

2. Le devant du corps

La personne est allongée sur le dos (pour rappel, les chevilles ne doivent pas être croisées).
- Jambe 1 : hanche – cheville (méridiens Estomac, Vésicule Biliaire, Foie)
- Idem jambe 2
- Genoux (les deux en même temps)
- Ventre : méridiens Estomac, Rate, Ren Maï, Rein
- Poumons – cœur : méridiens Poumon, Estomac, Ren Maï, Rein
- Bras 1 : épaule – poignet
    - Extérieur du bras : méridiens Gros Intestin, Triple Réchauffeur, Intestin Grêle
    - Intérieur du bras : méridiens Poumon, Maître Cœur, Cœur
- Idem bras 2

3. Tête
- Yeux : méridiens Estomac, Vessie, Triple Réchauffeur, Vésicule Biliaire
- Tempes : méridiens Estomac, Triple Réchauffeur, Vésicule Biliaire
- Oreilles : méridiens Estomac, Intestin Grêle, Triple Réchauffeur
- Derrière de la tête : méridiens Vessie, Du Maï
- Dessus de la tête : méridiens Vessie, Vésicule Biliaire, Du Maï

Le Foie – 1 h / 3 h – 4 février / 19 avril – esprit : Hun - Printemps
« L'officiel qui sert de général ; tout plan vient de lui »
Distribue le sang pour nourrir les tendons
Stocke le sang : régularise le volume de sang en fonction des besoins (au repos : le sang est au Foie, en activité, il va aux muscles)
Influence les menstruations
Humidifie les yeux et les tendons
Assure la libre circulation du Qi
Plan digestif : si le Foie est libre alors il aidera l'Estomac et la Rate à assurer leur mouvement. L'énergie descend pour l'Estomac et monte pour la Rate. S'il est perturbé alors il envahira l'Estomac à contre-courant puis il envahira la Rate qui ne pourra plus transporter et transformer correctement l'énergie des aliments
Libre écoulement de la bile : si le Foie stagne, la bile ne s'écoulera plus correctement (goût amer, ictère)
Contrôle les tendons : contraction et relâchement des tendons car il apporte le sang nécessaire
Manifestation aux ongles : les ongles sont considérés comme des tendons dont toujours en rapport avec le sang (sec, cassant, rainuré, terne...)
S'ouvre aux yeux : nourris et humidifiés par le sang du Foie (mais attention, le Rein, son essence, le nourrit, et le Cœur, reflète le Shen dans l'œil, aussi liés aux yeux)
Abrite le Hun : génère les projets et donne toute sa richesse à l'inconscient (rêves, désirs...). Il déclenche les impulsions nécessaires pour entreprendre une action, hérédité, force de la parole, pulsions, passions. Il contrôle l'imagination, élabore les stratégies. Sa déficience réduit les impulsions, les désirs, l'enthousiasme, entraîne un appauvrissement de l'imaginaire et une incapacité à concevoir le plan d'une action future. Lorsque le Hun est perturbé, le sommeil est agité, avec des rêves violents ou des cauchemars, les projets sont excessifs et incohérents, l'imagination débridée, les pulsions incontrôlables.
Chef d'orchestre ! Responsable de tous les choix et de tous les plans d'une vie. Fonction de planification. Notre capacité à aller vers les autres dans nos relations humaines, de nos plans, de nos rêves de vie, de notre inspiration et de notre créativité
Caractère émotionnel +++ : ressentiment, colère réprimée, sentiment d'être blessé, frustration, irritabilité, fureur, indignation, animosité et amertume. Si la personne n'a pas de frustration ou de colère, le Qi circule bien mais si le foie est affecté par cette émotion alors le Qi se mettra à stagner
Pouvoir, dynamisme, créativité et générosité

EMOTIONS
La colère est un terme général qui en médecine chinoise comprend les sentiments de frustration, la colère refoulée, le ressentiment et l'irritation. Comme toujours en médecine chinoise, les relations entre émotion et viscère sont réciproques. Le Foie a pour fonction d'assurer la libre circulation du Qi, qui elle-même exerce une influence profonde sur l'état émotionnel ; inversement, l'état émotionnel se répercute sur les fonctions du Foie.
Aussi, si le Foie fonctionne bien et si le Qi circule librement, l'état émotionnel est bon, la personne est heureuse, sereine, de bonne humeur, et elle exprime librement ses émotions. Si le Qi du Foie stagne et ne circule pas librement, il perturbe l'état émotionnel et il s'ensuit de la colère et de l'irritabilité. Une stagnation du Qi du Foie qui dure depuis très longtemps endommage gravement la circulation du Qi et entraîne, au niveau

émotionnel, des idées noires, un ressentiment permanent, une colère refoulée et de la dépression.

Au niveau physique, ces émotions réprimées peuvent se reporter sur la poitrine, les hypocondre, l'épigastre ou la gorge. La personne soupire fréquemment et éprouve une sensation de constriction de la poitrine ou de la distension au niveau de l'épigastre, de tension au niveau de l'Estomac, ou de « boule » dans la gorge qui gêne la déglutition. Toutes ces sensations sont liées à la stagnation u Qi du Foie.

Si le Qi du Foie se rebelle et monte, entraînant une montée du Yang du Foie, la personne devient très irritable et souffre de céphalées.

ALIMENTATION

Une consommation excessive d'aliments gras et « chauds » peut entrainer un déséquilibre énergétique du Foie. Selon les principes de la diététique chinoise, les aliments chauds sont le mouton, le bœuf, le curry, les épices et l'alcool. Les aliments cuits à grande friture sont également considérés comme des aliments chauds.

SI LE RECIPIENT EST SALE, LA NOURRITURE STOCKEE SERA GATEE (et inversement).

Un dérèglement du Foie (récipient du sang) peut gâter le sang et provoquer des dermatoses.

La Vésicule biliaire – 23 h / 1 h – 4 février / 19 avril - Printemps

« La Vésicule Biliaire est l'officiel qui sert de Ministre de la Justice ; toutes les décisions viennent d'elle »

Stocke et libère la bile. Elle reçoit la bile du Foie

Contrôle le jugement (peur d'être jugé, critique, dévalorisé) et notre capacité à prendre des décisions. Elle donne du courage à l'Esprit (Le Shen, gouverné par le Cœur), à bien mener les décisions prises (matérialisation de nos rêves), esprit d'initiative. Il est bien de tonifier la VB quand l'esprit est faible

Contrôle les tendons, leur donne le Qi nécessaire pour leur souplesse, mobilité...

ALIMENTATION
Une consommation excessive d'aliments gras ou frits déséquilibre la VB.

EMOTIONS
La VB, tout comme le Foie, est affectée par la colère. La colère, la frustration, le ressentiment refoulé peuvent entraîner une stagnation du Qi du Foie qui, à son tour, peut affecter la VB. Une colère rentrée et prolongée peut engendrer de l'irritabilité, un goût amer dans la bouche, de la soif, des céphalées...

D'un point de vue émotionnel la VB exerce également une influence sur le courage et l'esprit d'initiative. Une VB à énergie faible entraîne de la timidité, de la culpabilité et un manque de courage. C'est ce qu'expriment certaines expressions chinoise qui associent une « grosse VB » au courage et une « petite VB » à la timidité et la couardise.

CLIMAT
L'humidité et la chaleur externe telles qu'on les rencontre dans les pays tropicaux ou subtropicaux, peuvent entraîner un déséquilibre de la VB.

SI LA VB EST FAIBLE LE PATIENT SE LEVERA TOT LE MATIN ET NE POURRA SE RENDORMIR

Le Cœur – 11 h / 13 h – 6 mai / 22 juillet – Esprit : le Shen - Eté
« Le Cœur est l'officiel qui sert de Monarque ; c'est de lui que nous viens l'Esprit »
Gouverne le sang et les vaisseaux
Gouverne les activités mentales, émotionnelles et spirituelles (logis du Shen)
Transporte le sang
Gouverne la transpiration
Ouverture à la langue

EMOTIONS
Il nous livre ses trésors de sagesse ancestrale, la joie, la paix intérieure, le sourire du Bouddha, le lâcher-prise, contentement, satisfaction d'apporter une direction, une intégration et une coordination à notre vie psychique. Responsable de la conscience même, de notre sens de l'identité, de notre pensée, de notre perception et de notre vie émotionnelle.
Si déséquilibre : haine, jalousie, ressentiment, envie, le contrôle (quel qu'il soit), paranoïa

L'Intestin grêle – 13 h / 15 h – 6 mai / 22 juillet - Eté
Grand diététicien de l'Empereur
Gouverne la réception et la transformation des matières
Choix judicieux, clarté de jugement : il sépare le pur de l'impur. Au niveau psychique, il permet de distinguer les différentes possibilités pour savoir quelle action il est important d'engager
Il nous permet de faire un premier tri entre les possibilités en distinguant celles qui sont appropriées dans une situation donnée et celles qui ne le sont pas. Il trie les informations extérieures que l'on accueille dans notre quotidien à travers nos 5 sens
Nous protège grâce au discernement
Si déséquilibre : indécision, les clignotants de vie (oui/non), contrôle, côté très idéaliste

Le Maître Cœur – 19 h / 21 h - Eté
« Le Maître Cœur est l'officiel qui sert de messager ; c'est lui qui procure joie et bonheur »
Défense contre l'extérieur
Onction immunitaire
Système de mise à feu de la cicatrisation
Protège l'Empereur et exécute ses ordres
Rôle dans la sexualité, le psychisme

Le Triple Réchauffeur – 21 h / 23 h
Circulation du Qi originel (reçu de nos parents)
Thermorégulation
Responsable de la voie des eaux
Mise en circulation du Yang général (le feu de Ming Men à chaque organe)

La Rate – 9 h / 11 h – intersaison : 19 avril / 6 mai – 22 juillet / 8 août – 22 octobre / 8 novembre – 18 janvier / 4 février

« La Rate et l'Estomac sont les officiels qui servent de greniers ; c'est d'eux que naissent les cinq saveurs »

Gouverne la transformation et le transport. Elle extrait le Qi des aliments et des boissons ingérés et les transportent fondamentalement pour la formation du Qi (énergie des aliments et de l'air)

Produit le sang : grâce à sa fonction de transformation, elle extrait le Qi des aliments qui aidera à la formation du sang avec l'aide du Yuan Qi (*Yuan Qi* est l'énergie fondamentale et individuelle que tout homme porte en soi et qui circule dans tout le corps ; elle est un héritage de nos ascendants et son entretien dépend de notre mode de vie. Du soin et de l'attention portés à notre *Yuan Q*i dépendent donc notre santé et notre longévité ; trop d'excès peuvent d'ailleurs l'épuiser de façon précoce). Le Qi de la Rate l'aide à maintenir le sang dans les vaisseaux

Contrôle la chair et les 4 membres : elle extrait le Qi nourricier qui nourrit chair et membres

S'ouvre à la bouche et se manifeste aux lèvres : elle entretient une relation étroite avec la bouche surtout fonctionnelle, le fait de mâcher aide l'Estomac et la Rate ! Les lèvres sont roses et le sens du gout est bon

Contrôle la force d'élévation du Qi : c'est cette force qui maintient les organes/entrailles à leur place

Abrite la pensée : capacité à penser, étudier, concentration, application intellectuelle, idées, mémoire de l'apprentissage

Homéostasie

Affectée par l'inquiétude, l'excès de réflexion. Cas graves : pensées obsessionnelles

Nous permet de vivre le moment présent dans l'enracinement, la douceur, la détente, la sérénité

Si déséquilibre : rumination, idéation, inquiétude, doute, regret

EMOTIONS
Un travail excessif de l'esprit (penser, étudier, se concentrer, mémoriser) tend, au bout d'un certain temps, à affaiblir la Rate. Ceci inclut également l'excès de réflexion et la rumination permanente. Il est particulièrement néfaste de retourner immédiatement au travail après un déjeuner avalé à la hâte ou, pire encore, de traiter des affaires au cours d'un déjeuner.

ALIMENTATION
Comme la Rate est responsable de la transformation et du transport de la nourriture, l'alimentation joue un rôle extrêmement important dans ses états de déséquilibre. On dit que la Rate préfère les aliments chauds et secs. Par « chaud », on entend chaud à la fois en termes de température et d'énergie des aliments. Tous les aliments peuvent être classés en aliment tièdes, chauds, frais, froids. Parmi les aliments chauds, on peut citer en exemple la viande, le gingembre et le poivre. Parmi les aliments froids, on peut donner en exemple tous les aliments crus (salades), les fruits (à quelques exceptions près), les légumes et les boissons glacées. Une consommation excessive d'aliments froids endommage la fonction de transformation et de transport de la rate et entraîne des problèmes digestifs ainsi qu'une Humidité interne. Manger à des heures irrégulières ou trop manger ou manger insuffisamment ou suivre un régime alimentaire pauvre en protéines peut également fatiguer la Rate.

CLIMAT
Une exposition prolongée à l'humidité, qu'elle soit d'origine climatique ou inhérente aux conditions de vie, peut affaiblir la Rate.

MALADIES CHRONIQUES
Toute maladie qui dure à tendance à affaiblir la Rate.

L'Estomac – 7 h / 9 h – intersaison : 19 avril / 6 mai – 22 juillet / 8 août – 22 octobre / 8 novembre – 18 janvier / 4 février
Contrôle le pourrissement et le mûrissement des aliments : prépare le terrain pour la Rate
Contrôle la descente du Qi : fait descendre la nourriture
Est la source des liquides : il a besoin de beaucoup de liquide pour mener à bien le mûrissement et le pourrissement des aliments, il assure que la partie non utilisée par la Rate servira pour former les liquides organiques (LO)
Mère de la nourriture : l'Estomac est responsable de la nutrition et (avec la Rate) de la production du Qi et du Sang, et c'est de loin son aspect le plus important. Il est la source de la nutrition du Qi Nourricier (Ying Qi nourrit les organes internes et l'ensemble du corps. Il est étroitement lié au sang et circule avec le sang dans les vaisseaux sanguins tout autant que dans les méridiens. C'est le qi qui est activé par l'insertion d'une aiguille d'acupuncture, par les massages sur les points et méridiens ainsi que par la plupart des techniques de qi gong gymniques et respiratoires. Le Ying qi passe deux heures dans chaque méridien, circulant à travers tous les 12 canaux en 24 heures. Durant chacune de ces 12 périodes, des organes spécifiques sont nourris et soutenus par le Ying qi.
Mère des 5 organes et des 6 entrailles
Influence notre capacité à nourrir et à être nourri
Nous permet de choisir notre quotidien, d'assimiler nos pensées et actions, il nous permet une action harmonieuse, de faire preuve de discernement dans nos choix
Si déséquilibre : « il faut que… », rigidité, dépendance affective (peur d'aimer et de ne pas être aimé), rapport au passé

ALIMENTATION
L'alimentation est, de toute évidence, la cause principale des pathologies de l'Estomac. Ce facteur peut être abordé de plusieurs points de vue et englober la nature des aliments consommés, la régularité des heures des repas, et les conditions dans lesquelles se déroulent les repas.

NATURE DES ALIMENTS CONSOMMES
C'est un sujet extrêmement complexe que nous ne pouvons pas traiter en profondeur ici, dans la mesure où il faut prendre en considération trop de variables diverses comme les caractéristiques des aliments, la saison, la constitution de l'individu, son état de santé et sa profession.
De façon générale, l'Estomac préfère des aliments humides plutôt que secs (la Rate, au contraire, préfère des aliments secs). En cas d'absorption d'aliments trop secs (par exemple des aliments cuits au four ou au grill), l'Estomac peut aussi souffrir de la consommation excessive d'aliment trop chauds ou trop froids en termes énergétiques. Une consommation excessive d'aliments chauds peut entraîner un déséquilibre dans l'Estomac. Bien sûr, on ne peut pas définir dans l'absolu, ce qui constitue une consommation dite « excessive » de ces aliments dans la mesure où elle varie en fonction

de la saison, de la constitution de l'individu et de sa profession. Les aliments « chauds » sont conseillés en hiver dans les pays froids. Une personne qui effectue un travail physique difficile doit également consommer davantage de ces aliments « chauds ». Une consommation plus importante d'aliments « froids » peut être appropriée sous des climats très chauds.

LA REGULARITE DES HEURES DE REPAS

Les Chinois insistent sur l'importance qu'il y a à manger à des heures régulières. Ceci s'explique par le fait que le corps obéit à un rythme naturel de la circulation du Qi dans les différents viscères, à différents moments, et qu'il est inopportun de manger alors que l'Estomac est au repos. L'Estomac, de toute évidence, ne peut pas alors digérer correctement la nourriture. Le fait de recommander aux malades de manger à des heures fixes peut sembler très démodé à certains, mais l'expérience a montré que manger à des heures irrégulières entraînait bel et bien des pathologies de l'Estomac.

Il est donc important de :
4. Manger à heures régulières et dans le calme
5. Prendre son temps
6. Découper les aliments finement et bien mastiquer (37 fois !)
7. Manger chaud le plus souvent possible
8. Prendre un petit déjeuner correct (dans certains pays, les gens ne prennent qu'une petite tasse de café fort)
9. Ne manger ni trop ni trop peu
10. Ne pas grignoter entre les raps
11. Manger tôt le soir (avant 19 h si possible)
12. Manger les fruits entre les repas
13. Supprimer les laitages

Si l'on mange trop, l'Estomac ne parvient pas à digérer la nourriture correctement, si bien qu'elle stagne dans le Réchauffeur Moyen et que le Qi de l'Estomac ne peut plus descendre.

Une alimentation insuffisante ou trop pauvre (malnutrition) provoquée par des régimes amaigrissants stricts et inadéquats, conduisent à un déséquilibre de la Rate et de l'Estomac.

Par le fait de grignoter constamment entre les repas, ou de manger trop vite, l'Estomac n'a pas le temps de digérer correctement et il en résulte une rétention d'aliments.

Si l'on mange tard le soir, alors que le Yin domine, l'Estomac doit utiliser son énergie Yin et il en résulte un vide de Yin de l'Estomac.

LES CONDITIONS DANS LESQUELLES SE DEROULENT LES REPAS

Outre la nature et la quantité des aliments absorbés ainsi que l'heure à laquelle ils sont consommés, les circonstances dans lesquelles les repas se déroulent sont extrêmement importantes. On peut manger les aliments les plus purs et les plus équilibrés, à des heures absolument fixes, et n'en tirer aucun bienfait s'ils sont consommés avec un état d'esprit négatif, anxieux ou triste par exemple.

L'état émotionnel de l'individu au moment des repas est important. Entre en proie à des soucis en mangeant (ou penser à son travail par exemple), peut conduire à une stagnation du Qi dans l'Estomac.

Si l'heure des repas représente l'occasion de se disputer pour les membres de la famille (comme c'est malheureusement quelquefois le cas), même les meilleurs aliments ne seront pas digérés correctement et il s'en suivra une rétention d'aliments dans l'Estomac et une stagnation du Qi dans le Réchauffeur Moyen. Manger sur le pouce ou avaler un sandwich en vitesse au travail peut également entraîner une stagnation de Qi de l'Estomac. Lire en mangeant entraîne un vide de Qi de l'Estomac.

EMOTIONS
L'Estomac est principalement touché par les soucis et l'excès de réflexion. Un état soucieux entraîne une stagnation de Qi dans l'Estomac qui se manifeste par une sensation de brûlure persistante, des éructations et des nausées.
Un excès de travail intellectuel durant depuis plusieurs années peut entraîner un vide de Qi de l'Estomac.
La colère peut également affecter l'Estomac, bien que de façon indirecte, par l'intermédiaire du Foie. La frustration et le ressentiment peuvent entraîner une stagnation de Qi du Foie qui envahit l'Estomac et provoque des nausées, des éructations ou des distensions douloureuses.

CLIMAT
L'estomac peut être directement affecté par des facteurs climatiques, et plus particulièrement par le Froid. Le Froid peut envahir l'Estomac directement (en passant par les couches superficielles du corps) et engendrer des douleurs aiguës et soudaines accompagnées de vomissements.

Le Poumon – 3 h / 5 h – 8 août / 22 octobre – Esprit : Po - Automne
Gouverne le Qi, contrôle la peau
Ministre d'Etat (délégué par le MC et le Cœur)
Gouverne la diffusion, la descente et la purification du Qi, des LO, essence des aliments…
Régule la circulation de la voie des eaux
Diffuse le Wei Qi, homéostasie, contrôle la surface, réchauffe, restaure, nourrit, ouverture et fermeture des organes sudoripares
Plan psychique : nous insuffle sa force de vie, nous serons animés par une inspiration quotidienne, nous serons confiants face à la vie, intelligence instinctive, sensations corporelles, tendance impulsive à l'action
Respiration
Lieu de rencontre de tous les vaisseaux
Si déséquilibre : tristesse, nostalgie, deuil, accablement, chagrin, inquiétude, culpabilité

ALIMENTATION
L'alimentation joue un rôle important dans les fonctions du Poumon. La consommation excessive d'aliments « froids » et crus peut engendrer une Humidité interne qui affecte la Rate et se trouve souvent « stockée » dans le Poumon. On dit, en MTC, que « la Rate produit les Glaires et le Poumon les stocke ». Dans ce cas, on trouvera des mucosités abondantes dans le Poumon. C'est pourquoi une consommation excessive l'aliments « froids » et crus est contre-indiquée en cas d'asthme. Outre les aliments « froids » et crus, une consommation excessive de lait, de fromage et de beurre (mais surtout de lait) a des effets semblables sur le Poumon et engendre des Glaires.

EMOTIONS

Les émotions sont la tristesse et les soucis. Une tristesse prolongée disperse le Qi, alors que des soucis durables nouent le Qi. Ces deux émotions exercent leur action sur le Poumon quand elles durent un certain temps.

MODE DE VIE

Une position assise prolongée, penchée sur un bureau, à lire ou écrire, peut affaiblir le Poumon (la poitrine est comprimée, une respiration correcte est impossible)

Le Gros Intestin – 5 h / 7 h – 8 août / 22 octobre – Automne
« Le GI est l'officiel qui sert de Ministre des Transports ; c'est de lui que viennent les changements et les transformations »
Dessèchement du contenu intestinal (séparation du clair et de l'obscur)
Reçoit les déchets de l'IG et les élimine
Réabsorption de l'eau
Renforce le système immunitaire
Capacité à lâcher-prise
Nous permet d'éliminer nos émotions vécues quotidiennement. Rappelez-vous l'expression : comment allez-vous (issue de « comment allez-vous à la selle ? ») ?
Si déséquilibre : on reste coincé dans nos émotions, rigidité

EMOTIONS

Le GI entretient une relation de type intérieur-extérieur avec le Poumon et, tout comme lui, il peut être affecté par la tristesse et les soucis. Les soucis épuisent le Qi du Poumon qui ne peut plus descendre et aider le GI à assurer ses fonctions. Il en résulte des douleurs spasmodiques et une alternance de constipation avec selles petites et sèches, et de diarrhée.

ALIMENTATION

Une consommation excessive d'aliments « froids » et crus ou gras et « chauds » peut provoquer des diarrhées.

Le Rein – 17 h / 19 h – 8 novembre / 18 janvier – Hiver
« Le Rein est l'officiel qui est chargé du pouvoir ; c'est de lui que viennent les savoir-faire »
Stocke le Jing
Gouverne l'eau
Gouverne l'ouverture des orifices du bas
Reçoit le Qi du Poumon
Mémoire à court terme
Soutient le métabolisme
Le Yang des Reins ou Yuan Qi est localisé à Ming Men
Responsable de la procréation
Dynamisme, détermination, enthousiasme, persévérance, focalisation sur un seul objectif et volonté
Notre source sacrée, le puit de l'assurance intérieure nécessaire à notre profonde réalisation ! Je prends ma place, je me sens bien.

Si déséquilibre : nos peurs ancestrales

FAIBLESSE HEREDITAIRE
Le Qi du Ciel Antérieur de chaque individu est déterminé dès la conception à la suite de l'union des Essences du Rein des deux parents (le sperme et les ovules ne sont que des manifestations extérieures de l'Essence du Rein). Il s'ensuit que la constitution dont on hérite dépend de la force et de la qualité de l'Essence des parents en général, et au moment de la conception en particulier.

La MTC a toujours beaucoup insisté sur l'importance du lien entre l'Essence des parents et la constitution héréditaire de leur progéniture. Certains textes anciens ont même présenté, avec de nombreux détails, les périodes les plus favorables et les plus défavorables à la conception.

Si l'Essence des parents est faible, le Rein de l'enfant sera faible, lui aussi, ce qui pourra se traduire par un développement osseux insuffisant, un retard mental, un thorax en carène, une faiblesse lombaire, de l'incontinence, de l'énurésie, un déchaussement des dents et des cheveux clairsemés.

Un des facteurs les plus importants est l'âge des parents. Comme l'Essence du Rein baisse avec l'âge, si les parents conçoivent un enfant alors qu'ils sont trop âgés, la constitution de l'enfant peut s'en ressentir. De même, si les parents sont totalement épuisés au moment de la conception, l'enfant peut souffrir d'une faiblesse héréditaire ce qui peut parfois expliquer des différences étonnantes dans le physique et la personnalité de certains frère et sœurs.

EMOTIONS
L'émotion qui est liée au Rein est la peur. Elle englobe la peur, l'angoisse et le choc émotif. Chez les enfants, cela se traduit par de l'énurésie qui très souvent provient de ce que l'enfant ressent un état d'anxiété ou d'insécurité dans la famille.

ACTIVITE SEXEULLE EXCESSIVE
On l'évoque de façon très pudique dans les ouvrages chinois sous les termes « affaires désordonnées de la chambre » ou « travail excessif dans la chambre ». Dans la tradition chinoise, l'idée qu'une activité sexuelle excessive peut affaiblir le Rein est très ancienne et se trouve déjà dans le *Classique de l'Empereur Jaune*.

Une activité sexuelle excessive peut effectivement affaiblir l'énergie du Rein car l'énergie sexuelle est une manifestation de l'Essence du Rein, et un orgasme a tout simplement tendance à réduire l'Essence du Rein. Il faut bien préciser ici que par « activité sexuelle excessive », on comprend toute éjaculation effective chez l'homme et l'orgasme chez la femme. Un acte sexuel qui ne se conclut pas par une éjaculation ou par un orgasme ne diminue pas l'Essence du Rein. Cela comprend aussi la masturbation.

Outre le Rein, d'autres viscères, plus particulièrement le Cœur et le Foie, contribuent à une vie sexuelle réussie.

Le Cœur est en relation directe avec le Rein dans la mesure où ces deux organes doivent s'aider et se nourrir mutuellement.

Le Foie est responsable de la libre circulation du Qi et du Sang, surtout dans le Réchauffeur Inférieur. Un déséquilibre conduit à une incapacité à atteindre l'orgasme, de la frigidité ou de l'impuissance chez les hommes.

MALADIES CHRONIQUES
Elles peuvent affecter le Rein.

LA VIEILLESSE
L'Essence du Rein diminue avec l'âge et la MTC considère que le processus du vieillissement est le résultat de la diminution de l'Essence du Rein tout au long de la vie. La plupart des symptômes qui sont associés à la vieillesse sont dus à un vide de l'Essence du Rein : l'ouïe baisse, les os deviennent fragiles et cassants, l'activité sexuelle décroît.

SURMENAGE PHYSIQUE ET INTELLECTUEL
Un surmenage prolongé affaiblit le Rein. Toute une vie de travail et de stress, des horaires de travail trop longs, des repas pris à la hâte, à n'importe quelle heure, ou tard le soir, le fait de parler d'affaires en mangeant, un travail intellectuel excessif qui n'est pas contrebalancé par une activité physique, tous ces facteurs se combinent pour épuiser les énergies du Rein parce que le corps n'a plus aucune possibilité de récupérer.

La Vessie – 17 h / 19 h – 8 novembre / 18 janvier – Hiver
Gestion du stockage et de l'élimination des LO
Mémoire de nos ancêtres, nous permet une vision claire de la vie (d'où l'expression : « prendre des vessies pour des lanternes »), l'écoute des autres, de la vie, de soi
Si déséquilibre : manque de lucidité, confusion, jalousie, culpabilité, ressentiment

CLIMAT
L'exposition au froid et à l'humidité, le fait de rester assis sur une surface humide, ou de vivre dans des lieux humides (pays tropicaux), peuvent entraîner des maladies.

EMOTION
Comme le Rein, la Vessie peut être affectée par la peur. Ainsi chez les enfants, la peur, l'anxiété ou l'insécurité entraîne de l'énurésie. Chez les adultes, les déséquilibres de la Vessie se manifestent souvent conjointement avec des sentiments de suspicion et de jalousie installés depuis longtemps.

ACTIVITE SEXUELLE EXCESSIVE
Une activité sexuelle excessive épuise le Yang du Rein et donc, indirectement, la Vessie, qui puise son énergie dans le Yang du Rein. Il peut en découler des mictions fréquentes et abondantes, des mictions nocturnes ou de l'incontinence.

Du Maï ou Vaisseau Gouverneur
Il se réfère à quelqu'un qui gouverne, qui contrôle, à un général. C'est aussi un principe qui permet la prospérité des méridiens Yang. Il exerce une influence sur tous les méridiens Yang et peut être utilisé pour renforcer le Yang de l'organisme.
Le Vaisseau Gouverneur, « Du Maï » a pour faculté de rassembler tous les mouvements de la vie en nous. Le mouvement de l'Énergie dans le Du Maï se fait vers le haut.
Il contrôle le Yang
Il harmonise les fonctions des méridiens Yang
Il contrôle le système nerveux central
Il conserve l'énergie ancestrale

Ren Maï ou Vaisseau conception
Il se réfère à la grossesse, porter quelque chose devant l'abdomen, mais aussi présente la notion de responsabilité, de prendre en charge. « Ren » c'est aussi protéger, défendre et préserver.
Le Vaisseau Conception, « Ren Mai », c'est la capacité de rallier tous les mouvements qui permettent d'entretenir et de construire sa vie à chaque instant, de concevoir la vie aussi. Ren Mai est au ventre, en relation avec la nutrition.
Le mouvement de l'Énergie dans le Ren Mai se fait vers le bas.
Il contrôle la circulation du Yin
Il aide le méridien du Triple Réchauffeur dans la régulation de la température
Il gouverne le métabolisme de l'eau et des graisses
Il régit le système uro-génital
Il aide le Foie et le Cœur dans leur fonction
Il est le gardien de l'énergie ancestrale

TECHNIQUES JAPONAISES DE REIKI

- **Reiji-Hô** signifie "rituel intuitif" ou « indication de l'esprit »

Reiji-Hô est une technique de soin basée sur l'intuition.
- Mettez-vous dans une position confortable
- Fermez les yeux
- Prière position Gasshô in
- Placez vos mains jointes face à votre 3ème œil et demandez au Reiki de guider vos mains là où l'énergie est requise en prononçant dans votre tête, par exemple : « Je remercie mon égo de se retirer pendant la durée du soin et qu'il ne m'influence en rien. Je suis ouvert à toute indication venant de mon intuition, de la partie la plus élevée de moi-même, pour le plus grand bien du receveur. »

Attendez et observez ce qui se passe. Vous pouvez être guidé vers certaines parties du corps. Cela peut se produire de manières différentes : visuelle, auditive, kinesthésique…
Si cette technique ne vous donne pas un message suffisamment clair, positionnez une ou deux mains sur le chakra coronal de la personne et « écoutez » son corps.
Si vous n'arrivez toujours pas à localiser les zones, employez le Byosen (TJR, Reiki niveau 1).
Si vos mains sont par exemple guidées vers l'abdomen, poser la question pour savoir quel organe en particulier… et laissez-vous guider par vos mains.
La réponse arrivera de différentes manières : picotement, chaleur, attraction, répulsion ou vous le saurez tout simplement.

- **Joshin Kokyu-Hô** signifie "rituel de respiration pour nettoyer l'esprit".

Joshin Kokyu-Hô est une technique qui permet de se libérer du stress, des tensions négatives et de renforcer l'énergie.
Joshin Kokyu-Hô est réalisée en seiza, cependant, si cette posture ne vous est pas confortable, cette méditation peut être réalisée assis sur une chaise, ou en position lotus ou demi-lotus, le dos aussi droit que possible, détendu. Si nécessaire calez-vous le dos ou appuyez-vous contre le mur.
- Fermez les yeux
- Posez vos mains sur vos genoux, paumes vers le bas
- Centrez-vous sur votre seika tanden (entre le pubis et le nombril)
- Restez concentré sur « ici et maintenant », votre conscience focalisée sur votre seika tanden, tout en ayant conscience de votre respiration. Observez votre respiration, ne la modifiez pas
- Inspirez avec douceur par le nez et imaginez que vous inspirez l'énergie Reiki par le chakra coronal
- Dirigez l'énergie vers votre tanden. Retenez-la pendant quelques secondes, sans vous contracter. Trouvez votre rythme
- Visualisez la respiration qui se répand et pénètre votre corps
- Expirez par la bouche et imaginez l'énergie sortant au travers du bout des doigts, les chakras des mains, le bout de vos orteils et les chakras des pieds

Continuez cette pratique aussi longtemps que vous en avez envie.

! ***CONTRE-INDICATIONS*** *: hypertension, asthme, femmes enceintes. Si vous avez des vertiges durant la pratique, cessez-la.*

- ☯ **Reiki Undo** signifie « mouvement »

Assis sur le sol, les mains en position Gasshô-in, les yeux fermés, prononcez dans votre tête : « Reiki Undo commence ! ». Prenez une grande inspiration et à l'expiration, relâchez complètement et laissez parler votre corps.
Laissez votre corps bouger sans le contrôler.
Vous mettez fin au soin en disant « Reiki Undo est à présent terminé ! ».
Vous pouvez également le pratiquer avec un partenaire. Asseyez-vous l'un derrière l'autre.

- ☯ **Hatsurei-Hô** signifie "rituel pour générer l'esprit"

Pratiqué en groupe, la méthode Hatsurei-Ho est appelée Shuyo-Ho
Hatsurei-Ho est souvent présenté comme le joyau du Reiki. On suppose que cette méditation était la clef de voûte de la pratique spirituelle de Mikao Usui. Selon certaine source, Hatsurei-Ho était transmis aux élèves de premier niveau (Shoden) par sous-parties. La méthode complète faisait l'objet de la transmission du second niveau (Okuden).
Je présente cette pratique sous forme de phase, mais bien entendu, lorsque l'on pratique Hatsurei-Ho, on enchaîne les phases sans discontinuer.

Préparation

Hatsurei-Ho est réalisée en seiza, cependant, si cette posture ne vous est pas confortable, cette méditation peut être réalisée assis sur une chaise, ou en position lotus ou demi-lotus, le dos aussi droit que possible, détendu. Si nécessaire calez-vous le dos ou appuyez-vous contre le mur.
- Fermez les yeux
- Posez vos mains sur vos genoux, paumes vers le bas
- Centrez-vous sur votre seika tanden (entre le pubis et le nombril)
- Restez concentré sur « ici et maintenant », votre conscience focalisée sur votre seika tanden, tout en ayant conscience de votre respiration. Observez votre respiration sans la modifier
- Exprimez dans votre tête une phrase du genre "je commence Hatsurei-Ho maintenant"
- Kenyoku
- Connexion :
    - Levez vos bras, paumes vers le haut, les doigts vers l'extérieur
    - Connectez-vous au Reiki, sentez le Reiki couler sur vous et en vous, jusqu'à l'intérieur de votre seika tanden
- Ensuite reposez vos mains sur les genoux, cette fois-ci, paumes vers le haut

- Joshin kokyu-Hô :
    - Inspirez avec douceur par le nez et imaginez que vous inspirez l'énergie Reiki par le chakra coronal
    - Dirigez l'énergie vers votre tanden. Retenez-la pendant quelques secondes, sans vous contracter. Trouvez votre rythme
    - Visualisez la respiration qui se répand et pénètre votre corps
    - Expirez par la bouche et imaginez l'énergie sortant au travers du bout des doigts, les chakras des mains, le bout de vos orteils et les chakras des pieds
- Gasshô Meiso (méditation Gasshô-in)
- Gasshô Kokyu-Hô

Pendant cette phase, le reiju peut être donné (pour les Maîtres).

- Répétez trois fois les idéaux du Reiki
- Exprimez dans votre tête une phrase du genre "je termine Hatsurei-Hô maintenant"

☯ **Koki-Hô** signifie "rituel de guérison par le souffle"

La technique Koki-Hô est utilisée lorsqu'on ne peut pas toucher la zone à traiter, par exemple les brûlures. Elle peut être aussi utilisée pour des personnes qui ont subi des abus et ne veulent pas être touchées.

- Inspirez par le nez et faîtes descendre la respiration dans votre tanden
- Maintenez-la à cet endroit pendant quelques secondes
- Dessinez avec votre langue CKR sur votre palais, prononcez son mantra 3 fois tout en contractant le Hui Yin (contraction du sphincter anal qui permet de conserver l'énergie de vie à l'intérieur du corps et de la laisser remonter le long de la colonne vertébrale vers les centres d'énergie supérieurs).

Au moment de l'expiration :
- Placez le bout de votre langue contre vos dents supérieures
- Soufflez le symbole (en le visualisant) sur la partie du corps qui doit être traitée

Vous travaillez ainsi sur le corps physique et l'aura.

☯ **Gyoshi-Hô** signifie "rituel de soin avec les yeux"

De la même manière, la technique Gyoshi-Hô est utilisée lorsqu'on ne peut pas toucher la zone à traiter, par exemple les brûlures. Elle peut être aussi utilisée pour des personnes qui ont subi des abus et ne veulent pas être touchées. Ou pour traiter plusieurs endroits à la fois.
Le regard est doux, relaxé, non focalisé. En aucun cas un regard fixe, agressif ou concentré.
Regardez là où vous voulez donner du Reiki, avec un regard détendu, irradiant la gentillesse et la compassion pour toute chose. Pendant que vous regardez l'autre personne, laissez son image venir à vous au lieu de la regarder activement.

- **Tanden Chiryo-Hô** signifie "rituel de guérison par le tanden" ou « rituel de guérison par le ventre »

La méthode Tanden Chiryo-Hô est considérée comme utile pour aider à évacuer les toxines, d'un point de vue physique ou émotionnel.
- Prière en position Gasshô in
- Formulez l'intention, "je commence Tanden Chiryo-Hô maintenant"
- Placez une main sur le tanden de la personne, et une autre au même niveau, dans le dos
- Restez dans cette position jusqu'à ce que vous ressentiez que l'énergie s'équilibre entre les deux mains
- Placez les deux mains sur le tanden pendant vingt minutes
- Terminez par un Gasshô (salut)

MA LIGNEE

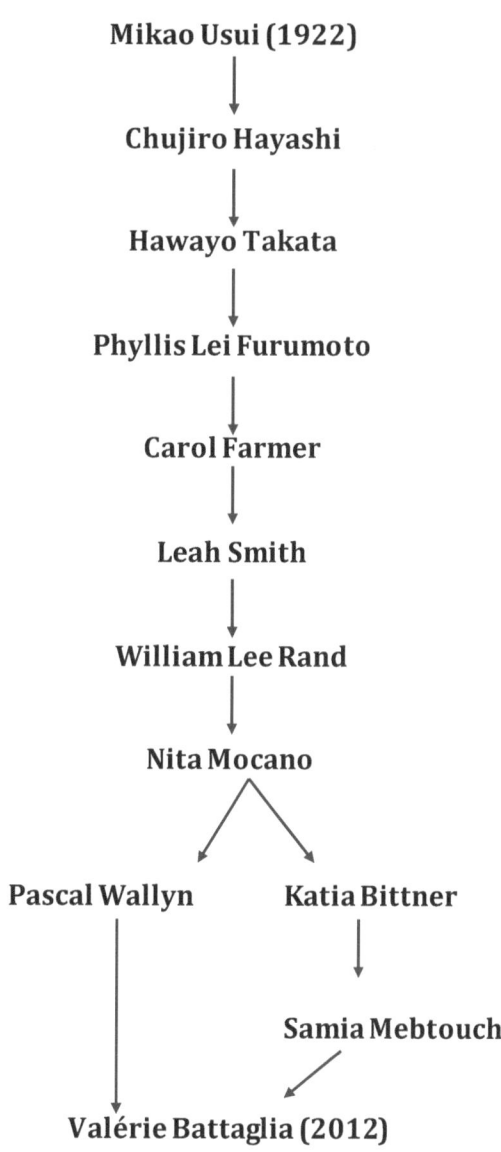

Mikao Usui (1922)
↓
Chujiro Hayashi
↓
Hawayo Takata
↓
Phyllis Lei Furumoto
↓
Carol Farmer
↓
Leah Smith
↓
William Lee Rand
↓
Nita Mocano
↙ ↘
Pascal Wallyn   Katia Bittner
↓   ↓
                 Samia Mebtouch
↓   ↙
Valérie Battaglia (2012)

LA PRIERE DU GUERISSEUR

Sauveur de tous, tu m'as appelé pour veiller sur la vie et la santé de tes créatures.

Puisse l'Amour, en tout temps, me guider.

Que ni l'avarice, ni la soif d'argent, de gloire ou de réputation ne faussent mon cœur, car les ennemis de la vérité et de l'Amour pourraient aisément me tromper et me rendre oublieux de mon but : faire du bien à tes enfants.

Puissé-je ne jamais voir dans le patient autre chose qu'une créature qui souffre.

Donne-moi la force, le temps et l'occasion de corriger sans cesse ce que j'ai acquis et d'en élargir constamment le domaine. La connaissance est sans fin et je peux, aujourd'hui, découvrir mes erreurs d'hier et, demain, obtenir une clarté nouvelle sur ce dont je me crois fermement assuré.

Donne-moi la lumière. Eclaire-moi dans l'obscurité d'autrui, pour que, obligé de pénétrer dans le secret des corps et des âmes, je ne me trompe pas de route et ne blesse rien en passant.

Donne-moi l'Amour pour que, chargé de ma propre peine et sans refuge souvent pour moi-même, je trouve toujours en moi une douceur, un abri, une force pour le désespéré qui m'attend.

Donne-moi la grâce, pour qu'en mon plus mauvais moment, dans mon incertitude, ma faiblesse d'homme, mon trouble, je reste toujours assez sage, assez bon, assez pur, digne de la douceur sacrée dont la foi s'est donnée à moi.

Donne-moi la fidélité dans la miséricorde, pour que je n'oublie pas et n'abandonne jamais le moindre des misérables qui à moi se fient.

Donne-moi la force, ô mon Dieu, pour que le poids de tous ne vienne pas trop m'accabler, pour que la détresse que je porte n'atteigne pas ma joie, pour que la blessure que je panse ne me fasse pas de mal. AMEN.

(D'après MAIMONIDE, médecin juif du XIIème siècle)

ANNEXE - QUI SUIS JE ?

« C'est une question existentielle que nous nous posons à un moment donné de notre vie. Derrière le corps physique, derrière la personnalité et le caractère, derrière la couleur et la culture, derrière l'apparence d'être un humain, un homme ou une femme, qui suis-je vraiment ?

Au-delà de cette forme humaine, des croyances positives ou négatives, de l'éducation reçue, des émotions qui viennent à ma rencontre, dans mes pensées, dans mon mental, je ne trouve que des réponses relatives à un système, à un lieu, à une société. Comme si toutes ces croyances, ces mots, ces carcans, ne suffisaient pas à me connaître. Juste me connaître dans une image que l'on donne, ou que l'on croit être, j'ai besoin de plus que cela. Un sentiment que je suis autre chose.

J'ai besoin de sortir de ce moule dans lequel la société, l'extérieur, moi-même me place, j'ai besoin de me reconnaître dans ma vraie nature, celle que je suis de tout temps, de toute éternité.

Je ne suis point ce corps, je ne suis point ces émotions, ces sentiments, je suis bien plus que cela, je suis une conscience, un esprit, une âme.

Je suis une conscience divine immortelle et éternelle, le corps lui n'est qu'un véhicule, un habitat où j'ai choisi de me manifester.

Je suis divine conscience en tout et partout, une flamme qui brille même dans la nuit la plus totale, un esprit qui demeure malgré les peurs.

Tout ce qui m'entoure fait partie de ce grand Tout, de cette conscience infinie, donc JE SUIS, NOUS SOMMES, l'autre est une partie de moi, l'autre c'est moi dans une autre manifestation.

De cette compréhension, je rentre dans l'énergie d'amour, dans la conscience que ce que je fais à l'autre, ce que j'exprime à l'autre, ce que je pense de l'autre, c'est à moi que je le fais, l'exprime, le pense.

Quand je suis dans cette conscience, le monde me paraît moins hostile, moins douloureux, moins difficile.

Je ne perds pas de vue, le fait de rester en ce cœur, de ne pas me laisser happer par les pensées négatives, de ne pas me laisser envahir par mes peurs ou celles des autres.

Rester éveillé, conscient, vigilant lorsque je repars dans le jeu de la vie ou de mon mental, et revenir à moi, à qui je suis, à la pleine conscience d'être.

Il est vrai que dans cet espace, il n'y a plus aucune croyance, aucune peur, aucun doute, aucune pensée, seul un silence paisible et harmonique, harmonieux, et là, je peux entendre mon cœur, et l'amour qui vit en tout et partout. Là, en cette unité un autre monde s'offre à moi, une autre vision.

Lorsque je vois le monde à travers mon mental, je le vois voilé par toutes les limites et les mémoires que celui-ci me projette, je le vois à travers des programmes inscrits en mes cellules et en mon ADN, je le vois à travers des filtres.

La conscience infinie et pure n'a aucun filtre, elle est tout simplement. Elle est neutre et en même temps tout. Elle n'a ni couleur, ni peur, ni croyance, ni sentiment, ni émotion, ni noir, ni blanc, ni sombre, ni lumière, ni mort, ni vie. Elle est pleine manifestation, elle est unité, elle est AMOUR, elle est silence. Elle est musique céleste et chaque note résonne en nous, en notre cœur.

Alors dès à présent, j'essaie chaque jour et un peu plus, d'atteindre cet état de conscience, d'atteindre mon cœur pur et innocent, et de voir le monde depuis cet espace, ainsi je ne suis plus dans aucun jugement ou critique, dans aucune lutte ou besoin de victoire, je suis tout simplement moi, dans l'acceptation totale de qui JE SUIS, dans l'acceptation totale de cette

humanité que j'ai choisi d'incarner et dans une acceptation et une gratitude envers la vie et même... envers le système dans lequel j'évolue et je grandis.
Rien ne sert de comparer, de juger, d'étiqueter, de contrôler, de diviser, rassemblons ensemble nos consciences, notre éveil, et faisons de cette Terre une Terre d'accueil, une bibliothèque vivante, lieu de rassemblement, lieu de paix, lieu de bonheur, lieu d'amour, lieu de partage, lieu d'équité, lieu de tendresse, lieu de sagesse, lieu d'écoute vraie, lieu de respect, lieu de ce que vous en ferez et penserez. »

Brigitte MARIEVAH

<u>MERCI... le plus beau des mantras</u>

Eprouvez de la gratitude pour ce que vous avez déjà.
Chaque jour exprimez votre gratitude.
Remerciez, remerciez et remerciez encore.

« Je suis vivante, ouverte à tout ce que la Vie m'offre aujourd'hui,
A chaque nouvel évènement.
La Vie est généreuse et me soutient dans mon évolution.
La Vie me fait confiance et je fais confiance à la Vie
car elle sait toujours mieux que moi.
Je remercie la Vie pour tous ces bienfaits ».